Learning Ger

MW01199866

© 2014 LearnOutLive

Story, concept and layout by André Klein

Illustrations by Sanja Klein, except cover figure from

Costumes Historiques via OldBookArt.com (Public Domain)

First published on April 15, 2013 as Kindle Edition

First edition, Paperback – published April 22nd, 2013

ISBN-10: 1484171632

ISBN-13: 9781484171639

learnoutlive.com

Table of Contents

Introduction

After a long and terrible war a warrior returns home, but nothing is as he remembers. The kingdom is haunted by a dark curse. Can you find out what happened and restore peace and glory?

This interactive adventure book for German learners puts you, the reader, at the heart of the action. Boost your grammar by engaging in sword fights, improve your conversation skills by interacting with interesting people and enhance your vocabulary while exploring forests and dungeons.

Why brood over grammar sheets and lifeless workbooks when you can be entertained and learn German along the way?

How To Read This Book

PLEASE READ: This book is not a linear story. Each reader will experience a slightly different story based on their choices. Here's how it works:

I. Flip & Choose

Keep turning the pages forward like in any other book until you reach the following symbol:

This separation mark means that you have reached the end of a scene and need to make a choice by turning to the page number shown in the brackets. If you have reached the end of a scene but can't see the choices, turn the page backwards.

II. Sword Fights

When you see the crossed swords icon , you are in a battle situation. You fight by answering a language related question. If you answer correctly, you move on to the next scene. If you answer wrongly, you die.

III. Reincarnation & Repetition

If you die, as indicated by the skull icon 💀, you can either start all over again ("von vorne beginnen") or jump back to the previous scene so long as you remember your last page. Note: Repetition is the best way to retain new words and expressions.

IV. Don't Get Lost In The Wildnerness

In certain parts of this book you'll have to navigate through mazes by selecting your path based on the four cardinal directions N, O, S, W (in German, we say "Ost" instead of "East").

To avoid going in circles, you can either sketch out your own map as you read or consult the maps attached to the end of this book. Available maps are marked in the text with a push pin icon 📌.

You can also download these maps and print them out by typing the following URL in your web-browser: **learnoutlive.com/genowrin-maps**

Comments on Language

The language people speak in this fantasy kingdom is optimized to be both authentic and easily understandable for modern learners. Archaic words and expressions are marked *[arch]* in the dictionary. Names of fantasy locations, gods and people are italicized.

In dealing with difficult or unknown words there are two options. Either you can use the mini-vocabulary appended to each scene or consult your dictionary of choice.

Genowrin

Die Straßen von *Genowrin* sind wie ausgestorben. Es weht ein eisiger Nordwind und Nebel behindert die Sicht. Hinter dem weiten Marktplatz ragen die Spitztürme des Tempelviertels in den grauen Himmel. Es ist alles so, wie du es vor vielen Jahren verlassen hast, aber die sonst so geschäftigen Gassen *Genowrins* sind menschenleer. Du läufst über das Kopfsteinpflaster und das Geräusch deiner Schritte ist der einzige Laut weit und breit.

„Psst ...", zischt eine Stimme. Du bleibst inmitten der Straße stehen. Die Stimme scheint aus einem der Läden zu deiner Rechten zu kommen.

antworten (10)

weitergehen (11)

wie ausgestorben: deserted, **eisig**: icy, **Nebel**: fog, **die Sicht behindern**: obstruct the view, **ragen**: to loom, **Spitzturm**: spire, **Tempelviertel**: temple quarter, **geschäftig**: busy, **menschenleer**: desolate, **Kopfsteinpflaster**: cobblestone pavement, **Geräusch**: sound, **zischen**: to hiss

„Wer ist da?", fragst du. Du siehst einen Arm im Nebel, der dich heranwinkt. Nach ein paar Schritten erkennst du einen Mann mit lederner Schürze. Es ist der Schmied *Gutemir*.

weitergehen (11)

mit dem Schmied reden (13)

heranwinken: to wave sb. nearer, **erkennen**: to notice, **ledern**: leather, **Schürze**: apron, **Schmied**: blacksmith

Du gehst ein paar Schritte in Richtung des Markt-
platzes. Zwei Gestalten in schmutzigen Gewändern
treten aus dem Schatten. Sie versperren den Weg und

ziehen ihre Schwerter.

mit den Banditen kämpfen (20)

die Schmiede betreten (13)

Gestalt: figure, **Gewand**: garment, **treten**: to step, **Schatten**: shadow, **versperren**: to block, **ein Schwert ziehen**: to draw a sword, **kämpfen**: to fight, **Schmiede**: blacksmith shop

„Seid gegrüßt!", sagst du und betrittst *Gutemirs*
Werkstatt. Es ist angenehm warm neben dem offenen

Feuer.

„Mein Freund", sagt *Gutemir*. „Du bist es wirklich! Als ich dich auf der Straße sah, traute ich meinen Augen kaum. Wir dachten du seist ..."

„Tot?", sagst du. „Nein. Das Glück war mir gnädig."

„Den Göttern sei Dank!", sagt *Gutemir* und reicht dir eine Tasse heißen Grog.

„Prost", sagst du und nimmst einen kräftigen Schluck. „Sag, mein Freund, wo sind sie alle?", fragst du und zeigst durch ein Fenster auf die leere Straße.

Gutemir blickt sich vorsichtig um und flüstert: „Die Soldaten des Königs sind auf dem Weg nach *Genowrin*. Die Menschen haben sich in ihren Kellern versteckt. Du warst lange fort. Vieles hat sich verändert in unserem kleinen Königreich seit König *Gadol* verstorben ist."

„Wann ist König *Gadol* gestorben?" (16)

die Schmiede verlassen (11)

Seid gegrüßt [arch]: Be greeted, **Werkstatt**: workshop, **angenehm**: comfortable, **seinen Augen kaum trauen**: to hardly believe one's eyes, **Das Glück war mir gnädig**: Fortune smiled on me, **jdm. etw. reichen**: to hand sb. sth., **sich umblicken**: to look around, **flüstern**: to whisper, **außerhalb, fort sein**: to be gone, **Königreich**: kingdom, **versterben**: to pass away

„Es ist nicht länger als zehn Wochen her. Kurz darauf tötete Prinz *Katano* seine Schwester, Prinzessin *Shimena* - gesegnet sei ihr Name - und setzte sich selbst auf den Thron", sagte *Gutemir*.

„Was geschah mit der Königin?" (17)

die Schmiede verlassen (11)

kurz darauf: shortly thereafter, **töten**: to kill, **segnen**: bless, **Thron**: throne, **geschehen**: to happen

„Man sagt, sie sitzt in ihren Gemächern im königlichen Palast und trauert Tag und Nacht. Aber gesehen hat sie niemand."

„Weißt du, wo mein Bruder Akon ist?" (18)

„Wann ist König *Gadol* gestorben?" (16)

die Schmiede verlassen (11)

Gemächer [arch]: rooms, **trauern**: to grieve

„Es ist eine Schande. Dein Bruder leitete den Widerstand gegen Prinz *Katanos* Machtergreifung. Ganz *Genowrin* feierte ihn, doch die königlichen Garden haben ein Kopfgeld auf ihn ausgesetzt. Niemand weiß, wo dein Bruder sich aufhält, doch ich habe gehört, dass er nach Westen gezogen ist und sich im Wald versteckt."

Du nickst, trinkst einen letzten Schluck Grog und sagst: „Auf nach Westen denn!"

„Einen Augenblick", sagt *Gutemir*.

Er öffnet eine Truhe in der Ecke des kleinen Raums und nimmt einen in Leder gewickelten Gegenstand heraus. „Dieses Schwert gehörte einst meinem Vater. Es hat ihm stets gute Dienste geleistet und in den großen Dorsen-Kriegen zu großem Ruhm verholfen. Es soll nun dir gehören."

Du verbeugst dich und nimmst das Schwert entgegen.

„Was geschah mit der Königin?" (17)

„Wann ist König *Gadol* gestorben?" (16)

die Schmiede verlassen (11)

Schande: disgrace, **leiten**: to lead, **Widerstand**: resistance, **Machtergreifung**: seizing power, **königliche Garden**: Royal Guards, **Kopfgeld**: bounty, **sich aufhalten**: to stay, **nach Westen ziehen**: to go west, **Auf nach Westen!**: Westward ho!, **Augenblick**: moment, **Truhe**: chest, **gewickelt**: wrapped, **Gegenstand**: object, **Schwert**: sword, **stets**: always, **jdm. gute Dienste leisten**: to serve sb. well, **Krieg**: war, **jdm./etw. zu Ruhm verhelfen**: to make sb./sth. famous, **gehören**: belong, **verbeugen**: to bow, **entgegennehmen**: to receive

Welcher Satz ist korrekt?

Ich verteidige mich. (21)

Ich verteidige sich. (22)

Ich mich verteidige. (22)

Du ziehst dein Schwert und triffst einen Banditen am Arm. Er schreit und flieht. Sein Partner rennt ebenfalls davon und etwas fällt ihm aus der Tasche.

Objekt nehmen (23)

weitergehen (24)

schreien: to scream, **fliehen**: to flee, **davonrennen**: to run off, **ebenfalls**: also

Du verteidigst dich mit bloßen Händen und triffst einen Banditen am Kopf. Er fällt zu Boden. Bevor du dich dem zweiten zuwenden kannst, trifft dich sein Schwert am Nacken. Das letzte, was du siehst, ist dein Blut auf dem Kopfsteinpflaster. Du bist tot.

von vorne beginnen (8)

zurück (20)

sich verteidigen: to defend oneself, **mit bloßen Händen**: with bare hands, **treffen**: to hit, **zu Boden fallen**: to fall to the ground, **sich jdm. zuwenden**: to turn to sb., **Nacken**: nape, **Blut**: blood

Du bückst dich und nimmst ein vergilbtes Papier. Auf dem Papier steht in roter Tinte geschrieben: „Die Kraft des *Aschkalon* ist dreifaltig, beginnt im Westen, schwillt im Norden und schwindet im Osten."

weitergehen (24)

bücken: to stoop, **vergilbt**: yellowed, **Tinte**: ink, **Kraft**: power, **dreifaltig**: triune, **schwellen**: to swell, **schwinden**: to wane

Auf dem Marktplatz stehen verlassene Holzkarren und Bretterbuden. Keine Spur von Leben, bis auf ein kleines Wirtshaus, in dem Licht brennt.

Wohin willst du gehen?

zum Wirtshaus (25)

Richtung Tempelviertel gehen (34)

Die Stadt durch das Westtor verlassen. (32)

verlassen: deserted, **Holzkarren**: wooden cart, **Bretterbude**: wooden shack, **keine Spur von**: no sign of, **Wirtshaus**: tavern

Auf der Theke steht ein Kerzenleuchter und ein paar halb volle Gläser. Das Wirtshaus scheint verlassen. Was tust du?

einen Schluck aus einem der Gläser nehmen (27)

zurück auf den Marktplatz gehen (24)

Theke: bar, **Kerzenleuchter**: candle holder

ANDRÉ KLEIN

Du streckst deine Hand nach einem der Gläser aus. Plötzlich packt dich jemand bei der Schulter. Du drehst dich um und ziehst dein Schwert. Vor dir steht ein Mann mit einer ledernen Schürze und einem schwarzen Vollbart.

„D...du?", sagt er und tritt einen Schritt zurück. Du lächelst und sagst: „*Alfryns?*"

Der Wirt nickt, erwidert dein Lächeln, breitet die Arme aus und umarmt dich. „Du bist es ... du bist es wirklich!", sagt er.

„Höchstpersönlich", sagst du.

„Warum denken alle, dass ich tot bin?" (28)

Schürze: apron, **Vollbart**: full beard, **ausbreiten**: to spread, **jdn. umarmen**: to hug sb., **höchstpersönlich**: in the flesh, **alle**: everyone, **tot**: dead

Der Wirt seufzt und nimmt einen Lappen aus der Tasche. Während er die Theke wischt, erzählt er: „Viele Jahre sind vergangen. Niemand zweifelt an deiner Kraft, aber wir haben gelernt nicht mehr zu hoffen. Ein dunkler Fluch hängt über dem Land, seit unser König starb."

„Wer regiert *Genowrin*?" (29)

seufzen: to sigh, **wischen**: to wipe, **an etw. zweifeln**: to doubt sth., **Fluch**: curse

Der Wirt sagt: „Man sagt, wir seien die letzte unabhängige Stadt im Reich. So sagt man. Aber in Wahrheit ..."

„Ist *Genowrin* verlassen und wartet nur auf die Armee *Katanos?*", sagst du.

Alfryns nickt und sagt: „Die einstigen Herren dieser Stadt sind getürmt mit *Genowrins* Gold und Ehre. Die wenigen Krieger, die uns geblieben sind, haben ihre Kraft und Hoffnung längst verloren. Das gemeine Volk hat die Stadt verlassen. Aber dieses Wirtshaus ist alles, was ich habe. Lieber sterbe ich hier, als dies aufzugeben."

„Was werdet ihr tun, wenn *Katano Genowrin* erreicht?" (30)

unabhängig: independent, **Reich**: realm, **Armee**: army, **einstig**: former, **türmen**: to make a getaway, **gemein**: common, **Volk**: people, **Hoffnung**: hope, **längst**: long since, **lieber ... als**: rather ... than

29

ANDRÉ KLEIN

Der Wirt zuckt mit den Achseln und sagt: „Wir haben das Westtor zugemauert, um den Vormarsch *Katanos* einzudämmen, aber es ist nur eine Frage der Zeit, bis *Genowrin* fällt."

„Bei *Ygbal*, ich werde meinen Bruder finden, bevor es zu spät ist. Wir helfen euch *Katanos* Schergen zurückzuschlagen!", sagst du.

„Ehrenhaft gesprochen", sagt der Wirt und senkt seinen Kopf. „Aber es ist besser nicht zurückzukehren. Wir haben gehört, welches Blutbad *Katano* in *Orowin* und *Asternon* angerichtet hat. Es wäre Torheit zu glauben, dass *Katano* bei *Genowrin* Gnade walten ließe."

„Leb wohl!", sagst du.

„*Ygbal* sei mit dir", sagt *Alfryns*.

zurück auf den Marktplatz gehen (24)

mit den Achseln zucken: to shrug, **zumauern**: to brick in, **Vormarsch**: advance, **eindämmen**: to curb, **Schergen**: henchmen, **zurückschlagen**: to fight back, **ehrenhaft**: honorably, **senken**: to lower, **Blutbad**: bloodbath, **anrichten**: to wreak, **Torheit**: foolery, **Gnade walten lassen**: to show mercy, **Leb wohl**: Good bye

30

Du steht vor dem Westtor der Stadt. Der Zugang ist mit alten Holzkarren, Stühlen und Tischen verbarrikadiert. Du schiebst eine Sitzbank beiseite und siehst, dass eine Mauer den Ausgang versperrt. Ohne Hammer und Meißel und lange Arbeit ist es unmöglich, die Stadt durch das Westtor zu verlassen.

zurück auf den Marktplatz gehen (24)

verbarrikadiert: barricaded, **beiseite schieben**: to shove aside, **Mauer**: wall, **versperren**: to block, **Meißel**: chisel

Du gehst in Richtung des Tempelviertels. Du läufst am Tempel *Ygbals*, dem großen Sonnengott, vorbei. Es ist das höchste Gebäude *Genowrins*. Die Spitze des Tempels ragt in die Wolken hinein. Es ist still. Zu still. Du hörst keine Gebete oder Trompeten. Vor dem Tor hängt ein schweres Schloss.

mit deinem Schwert auf das Schloss schlagen (36)

weitergehen (37)

Sonnengott: sun god, **Spitze**: tip, **Gebete**: prayers, **Trompeten**: trumpets, **Tor**: gate

Du schlägst mit deinem Schwert auf das Schloss. Es macht einen schrecklichen Lärm. Aber das Schloss bleibt intakt.

weitergehen (37)

zurück auf den Marktplatz gehen (24)

schrecklich: horrible, **Lärm**: noise, **intakt**: intact

Zu deiner Linken befindet sich Levayas Tempel, der Göttin des Mondes. Auch hier ist es still. Viel zu still.

den Tempel genauer betrachten (38)

weitergehen (39)

Göttin: goddess

Der Tempel ist ein rundes fensterloses Gebäude mit einem Kuppeldach und zwei hohen Türmen. Ein Turm ist für Rauchopfer, auf dem anderen steht eine große Trommel. Aber du siehst keine Priester.

weitergehen (39)

zurückgehen (36)

fensterlos: windowless, **Gebäude**: building, **Kuppeldach**: domed roof, **Rauchopfer**: incense offering, **Trommel**: drum, **Priester**: priests

Du gehst ein paar Schritte weiter. Am Ende der Straße befinden sich die kleinen Tempel und Hütten minderer Gottheiten. Normalerweise ist dies der beschäftigste Ort des Tempelviertels, wo täglich dutzende Frauen vor dem Tempel *Yoladin,* dem Fruchtbarkeitsgott, Opfer darbringen. Wo Alte und Kranke die Priester um ihren Segen bitten. Wo Zaubersprüche und Elixiere verkauft werden. Aber an diesem grauen Tag ist alles still. Du siehst keine Menschenseele.

„Segen und Verdammnis", sagt eine Stimme. Du schaust dich um, aber siehst niemanden. „Segen und Verdammnis", sagt die Stimme abermals und du bemerkst einen alten Mann, der auf dem Boden sitzt. Er trägt Lumpen und hat sein Gesicht in einer Kapuze verborgen. „Segen und Verdammnis", sagt er ein drittes Mal und streckt eine schmutzige Hand nach dir aus. „*Aschkalon* hat es gegeben, *Aschkalon* hat es genommen", sagt er.

antworten (41)

weitergehen (46)

Hütten: huts, **minderer**: lesser, **dutzend**: dozen, **Fruchtbarkeitsgott**: fertility god, **Opfer darbringen**: to offer a sacrifice, **Zaubersprüche**: spells, **Elixier**: tonic, **keine Menschenseele**: not a living soul, **Segen**: blessing, **Verdammnis**: damnation, **abermals**: again, **bemerken**: to notice, **Lumpen**: rags, **Kapuze**: hood, **etw. verbergen**: to hide sth., **ausstrecken**: to reach out

„Wo sind die Priester?", fragst du. Der alte Mann macht eine Bewegung mit der Hand und sagt: „Es kommt eine Zeit, in der die Vögel schwimmen und die Fische fliegen und Könige zu Bettlern werden. Die Tempel werden brennen und die Flüsse werden rot vom Blut der Priester. Der Zorn *Aschkalons* naht!"

„Wer oder was ist *Aschkalon*?" (42)

Bewegung: movement, **Bettler**: beggar, **Zorn**: wrath, **nahen**: to approach

„*Aschkalon* ist nicht von dieser Welt. *Aschkalon* ist eine fremde Macht. Aber wer *Aschkalon* beherrscht, herrscht über diese Welt.“

„**Wer beherrscht *Aschkalon*?**“ (43)

fremd: foreign, **Macht**: power, **etw. beherrschen**: to control sth, **herrschen**: to rule

„Im Augenblick niemand. Aber es gab am Königshof einen Magier, der die Macht *Aschkalons* heraufbeschwörte."

„Was geschah mit dem Magier?" (44)

„Wer oder was ist *Aschkalon*?" (42)

Königshof: royal court, **Magier**: mage, **heraufbeschwören**: to invoke, **geschehen**: to happen

„Das Tor zur Schattenwelt öffnete sich für einen Moment. Aber die Kraft des Magiers war schwach. Dämonen erschienen und töteten den Magier und König *Gadol*. Seit diesem Zeitpunkt steht das Tor zur Schattenwelt offen und das Böse regiert."

„Wie können wir das Tor wieder schließen?" (45)

„Wer beherrscht *Aschkalon*?" (43)

„Wer oder was ist *Aschkalon*?" (42)

Tor: gate, **Schattenwelt**: shadow world, **Zeitpunkt**: moment, **das Böse**: the evil

Der Mann flüstert: „Nur eine starke, furchtlose Seele kann *Aschkalon* im Namen des Guten führen. Aber das Buch *Aschkalons* ist verschwunden. Ohne das Buch sind unsere Hände gebunden."

weitergehen (46)

zurück auf den Marktplatz gehen (24)

furchtlos: fearless, **Seele**: soul, **das Gute**: the good,
verschwinden: to disappear, **führen**: to lead, **gebunden**: tied

Du stehst vor dem Osttor *Genowrins.*

die Stadt nach Osten verlassen (47)

zurück zum Marktplatz gehen (24)

Vor dir liegt das östliche Königreich. Deine Füße schreiten über grüne Hügel, vorbei an Apfel- und Kirschbäumen. Am Horizont ragen die Berge des *Sievengebirges* in den Himmel. Zu deiner Linken fließt ein Bach mit frischem Quellwasser aus den schneebedeckten Höhen. Vogelgesang erfüllt die Luft.

Du gehst eine Weile die Hügel hinauf, bis du an eine steile Felswand kommst.

klettern (49)

einen anderen Weg suchen (50)

Königreich: kingdom, **schreiten**: to tread, **Hügel**: hills, **Gebirge**: mountainrange, **Bach**: brook, **Quellwasser**: spring water, **schneebedeckt**: snow-covered, **Höhen**: heights, **Vogelgesang**: bird song, **steil**: steep, **Felswand**: rock face

Du streckst deine Hand aus, suchst nach einem Halt, ziehst dich hinauf, stützt dich mit einem Fuß ab, doch die Felswand ist zu glatt. Du rutschst ab und fällst zurück auf den Boden.

einen anderen Weg suchen (50)

Halt: hold, **hinaufziehen**: to pull up, **sich abstützen**: to support onself, **Felswand**: rock face, **abrutschen**: to slide

Du läufst eine Weile an der Felswand entlang und suchst nach einem Durchgang. Die Felswand ist nicht nur viele Meter hoch, sondern undurchdringlich. Du schaust in die Luft und siehst Adler, die hoch über dir ihre Nester in der Felswand bauen.

weitersuchen (51)

zurück nach *Genowrin* gehen (24)

entlanglaufen: to walk along, **Durchgang**: way through, **undurchdringlich**: impenetrable, **Adler**: eagle, **ein Nest bauen**: to build a nest

Du gehst weiter an der Felswand entlang. Ab und zu findest du kleine Spalten im Fels, die jedoch nicht breiter sind als ein Finger. Du gehst weiter und weiter und die Sonne am Himmel beginnt zu sinken. Vielleicht solltest du besser zurück nach *Genowrin* gehen, bevor die Nacht einbricht?

weitergehen (52)

zurück nach *Genowrin* gehen (24)

ab und zu: every now and then, **Spalte**: crack, **nicht breiter als**: not wider than, **bevor die Nacht einbricht**: before night falls

Du läufst weiter an der Felswand entlang. Das Sonnenlicht verschwindet in den dichten Wäldern. Du tastest mit deinen Händen den Fels ab, als deine Hände plötzlich ins Leere greifen. Deine Augen gewöhnen sich an die Dunkelheit, und du siehst den Eingang einer Höhle.

hineingehen (53)

zurück nach *Genowrin* gehen (54)

verschwinden: to disappear, **dicht**: dense, **Fels**: rock/boulder, **abtasten**: to feel, **ins Leere greifen**: to grasp at nothing, **an etw. gewöhnen**: to get accustomed to sth., **Höhle**: cave

Du stehst im Eingang der Höhle. Es ist dunkel. Du siehst nicht, wie tief die Höhle ist.

Fackel herstellen (55)

weitergehen (56)

Fackel: torch, **herstellen**: to manufacture

Es ist dunkel. Aus dem Wald kommen seltsame Geräusche. Du siehst den Boden unter deinen Füßen nicht. Du läufst schneller und schneller. Die Augen eines Tiers blitzen vor dir auf. Du gehst ein paar Schritte zurück, als deine Füße plötzlich über eine Wurzel stolpern. Du spürst einen Wind und fällst in eine Felsspalte. Du bist sofort tot.

von vorne beginnen (8)

zurück (52)

seltsam: strange, **aufblitzen**: to flash, **Wurzel**: root, **stolpern**: to stumble, **Felsspalte**: crevice

Du nimmst einen Stock vom Boden auf. Dann ziehst du einen kleinen Beutel aus deiner Tasche. Zuerst nimmst du ein bisschen Watte und wickelst es um den Stock. Dann gießt du aus einer kleinen Flasche Petroleum auf die Watte.

Feuer machen (57)

Stock: stick, **Beutel**: pouch, **Watte**: cotton wool, **etw. um etw. wickeln**: to wind sth. round sth., **gießen**: to pour

Du läufst ein paar Schritte in die Dunkelheit. Der Boden unter dir ist glatt. Die Wände der Höhle sind feucht. Du gehst vorsichtig einen Schritt nach dem anderen tiefer in die Höhle hinein. Plötzlich spürst du etwas Warmes an deiner Hand. Du hörst ein Hecheln. Dann geht ein Schmerz durch dein linkes Bein. Du schreist. Du spürst den heißen Atem eines wilden Tieres an deinem Hals. Scharfe Zähne bohren sich in deine Kehle. Du schreist ein letztes Mal.

von vorne beginnen (8)

zurück (53)

glatt: smooth, **feucht**: moist, **Hecheln**: panting, **Atem**: breath, **sich in etw. bohren**: to pierce into sth.

Du hast drei Gegenstände zum Feuermachen: Einen Feuerstein, ein Funkeneisen und ein bisschen Zunder. Was tust du?

Feuerstein an die Wand schlagen (58)

Funkeneisen an Zunder schlagen (58)

Funkeneisen an Feuerstein schlagen (59)

Feuerstein: flintstone, **Funkeneisen**: fire striker, **Zunder**: tinder, **schlagen**: to strike

Nichts passiert. Es bleibt dunkel.

nochmal versuchen (57)

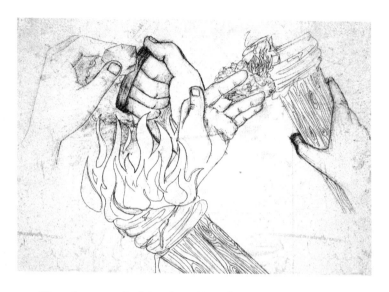

Du nimmst ein bisschen Zunder und schlägst es zusammen mit einem Feuerstein gegen ein Funkeneisen. Ein Funke springt über. Der Zunder beginnt zu glimmen. Du hältst die Glut an die Watte mit Petroleum. Die Fackel beginnt zu brennen. Du hast Feuer gemacht.

weitergehen (61)

Funke: spark, **glimmen**: to smoulder, **brennen**: to burn

❧Karte #1 **(136)**

Die Fackel erleuchtet den Höhleneingang wie am helllichten Tage. Du gehst ein paar Schritte in die Höhle hinein. Der Boden unter deinen Füßen führt hinab. Dann teilt sich der Tunnel in drei Richtungen.

nach Norden gehen (62)

nach Süden gehen (63)

nach Osten gehen (65)

erleuchten: to illuminate, **wie am helllichten Tage**: like in broad daylight, **hinabführen**: to lead down, **sich teilen**: to branch off, **Richtung**: direction

Der Tunnel wird schmaler und schmaler und endet an einer Wand.

zurückgehen (61)

Du triffst auf eine neue Kreuzung. Die Wände sind mit Spinnweben bedeckt. In der Mitte der Kreuzung liegen ein paar Knochen.

nach Norden gehen (61)

nach Osten gehen (70)

nach Westen gehen (64)

auf etw. treffen: to come upon sth., **Kreuzung**: junction, **Spinnweben**: spider webs, **Knochen**: bones

Du gehst um eine Ecke und der Tunnel endet an einer Wand.

zurückgehen (63)

Ecke: corner

Der Gang ist breiter hier. Du hörst ein Geräusch. Ein Wolf springt hinter einem Stein hervor.

kämpfen (66)

breiter: wider, **hervorspringen**: to leap

Was ist *kein* Synonym zu „Angst"?

Bammel (68)

Muffensausen (68)

Stolz (67)

Der Wolf schnappt nach deiner Hand. Du springst zur Seite und schlägst mit deinem Schwert nach dem Tier. Das Schwert trifft den Wolf am Nacken. Er fällt zu Boden und ist sofort tot.

nach Osten gehen (69)

nach Westen gehen (61)

schnappen: to snatch

Du schlägst mit deinem Schwert nach dem Wolf. Er springt zur Seite und beißt deine Hand. Das Schwert fällt zu Boden. Der Wolf beißt dich in den Hals. Du verlierst das Bewusstsein.

von vorne beginnen (8)

zurück (66)

beißen: to bite, **das Bewusstsein verlieren**: to pass out

Du stehst in einem hohen breiten Raum. Zwei Wege führen von den Seiten in die Höhle.

nach Westen gehen (65)

nach Osten gehen (75)

Der Tunnel teilt sich in drei Richtungen. Du hörst ein seltsames Geräusch aus einem der Tunnel.

nach Norden gehen (65)

nach Westen gehen (63)

nach Osten gehen (71)

Du stehst einem großen grauen Wolf gegenüber. Das Tier fletscht die Zähne und knurrt.

kämpfen (72)

die Zähne fletschen: to bare one's teeth, **knurren**: to snarl

„Wer nicht hören will, muss ..."

spüren (74)

fühlen (73)

sehen (74)

Du stößt dein Schwert in den Rücken des Wolfes. Er jault kurz und bleibt am Boden liegen.

nach Osten gehen (75)

nach Westen gehen (70)

jaulen: to yelp, **liegen bleiben**: to stay lying down

Du triffst den Wolf mit deinem Schwert an den Beinen. Er springt zur Seite, aber die Fackel fällt dir aus der Hand. Der Boden ist feucht. Die Fackel erlischt. Es ist dunkel. Du hörst das Geräusch von dutzenden Wölfen in der Dunkelheit. Wenige Minuten später bist du tot.

von vorne beginnen (8)

zurück (72)

erlöschen: to go out, **Dunkelheit**: darkness

Du stehst am Eingang eines großen runden Raums. Die Wände sind mit Holzpfählen abgestützt und du siehst ein paar Gegenstände im Schatten.

Gegenstände ansehen (76)

Holzpfahl: wooden stake, **Schatten**: shadow

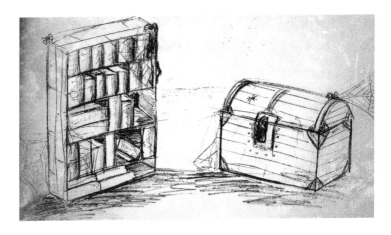

Du findest ein altes Bücherregal und eine Truhe.

Bücherregal ansehen (77)

Truhe öffnen (78)

Das Bücherregal ist von Spinnweben bedeckt. Du nimmst ein Buch aus dem Regal und es zerfällt zu Staub.

zurück (76)

zerfallen: to disintegrate, **Staub**: dust

Du versuchst die Truhe zu öffnen. Sie ist verschlossen. Du könntest versuchen, das Schloss mit deinem Schwert zu zerschlagen oder mit einem Dietrich zu knacken.

das Schloss zerschlagen (79)

das Schloss knacken (80)

Truhe: chest, **zerschlagen**: to smash, **Dietrich**: picklock, **ein Schloss knacken**: to pick a lock

Es macht ein schreckliches Geräusch, aber die Truhe bleibt verschlossen.

zurück (78)

Welcher Satz ist *nicht* korrekt?

Die Truhe ist alt und schwer. (81)

Schwer ist die alte Truhe. (81)

Schwer und alt die Truhe ist. (82)

Du steckst den Dietrich in das Schloss und drehst ihn. Nichts passiert. Das Schloss bleibt verschlossen.

zurück (80)

Du steckst den Dietrich in das Schloss und drehst ihn. Das Schloss springt auf.

Truhe öffnen (83)

Du öffnest die Truhe und findest einen Beutel Donnerkraut.

Donnerkraut nehmen (84)

Beutel: pouch, **Donnerkraut [arch.]**: gun powder, **Beute**: loot

Du nimmst das Donnerkraut aus der Kiste und suchst nach einem Ausgang. Vor dir in der Wand findest du eine kleine Tür. Du öffnest sie und findest einen Gang, der eine Treppe hinaufführt.

hineingehen (85)

Gang: passageway, **Treppe**: stairs, **hinaufführen**: to lead up

Die Treppe ist meisterhaft in den Stein geschlagen. Du steigst viele hundert Stufen hinauf, bis du eine Platform erreichst. Von dort führt eine weitere lange Treppe in einer weiten Kurve nach unten.

Als du endlich das Ende der zweiten Treppe erreichst, bleibst du kurz stehen. Vor deinen Füßen beginnt eine steinerne Brücke ohne Geländer. Zu deinen Seiten klafft ein tiefer Abgrund. Du schwenkst deine Fackel, aber du kannst den Boden nicht sehen. Deine Fackel ist beinahe abgebrannt und gibt nur noch wenig Licht.

Du setzt versuchsweise einen Fuß auf die Brücke. Der Stein hält. Du ziehst den anderen Fuß nach und stehst nun mit beiden Füßen auf der Brücke, links und rechts nur eine Handbreit vom Abgrund entfernt.

Vorsichtig setzt du einen Schritt vor den anderen. In der Mitte der Brücke liegen Gesteinsbrocken. Durch deine Bewegung fallen ein paar kleine Steine von der Brücke. Du hältst inne und wartest auf den Aufprall, aber du hörst nichts.

Nach ein paar dutzend Schritten siehst du endlich

das Ende der Brücke, dahinter eine kleine Tür. Du bewegst dich schneller über die Brücke, doch plötzlich erlischt deine Fackel. Es ist stockdunkel. Du bleibst stehen.

zurückgehen (88)

weitergehen (87)

meisterhaft: masterfully, **Geländer**: railing, **klaffen**: gape, **Abgrund**: abyss, **schwenken**: to sweep, **beinahe**: nearly, **abgebrannt**: extinguished, **versuchsweise**: tentatively, **etw. nachziehen**: to drag sth. behind, **Handbreit**: hands's width, **Gesteinsbrocken**: rocks, **Aufprall**: impact, **stockdunkel**: pitch-dark

Du atmest tief durch und setzt deinen rechten Fuß vor den linken. Dann ziehst du den Linken nach und setzt ihn in einer Linie vor den Rechten. Mit jedem linken Schritt atmest du ein, mit jedem rechten atmest du aus. Nach einem Dutzend Schritten erreichst du eine Wand.

In der Dunkelheit suchst du nach der Tür. Du findest den Türgriff und gehst vorsichtig durch die Tür. Mit einem Fuß tastest du den Boden ab. Eine neue Treppe beginnt. Du steigst die Stufen hinauf. In der Ferne hörst du gedämpfte Stimmen. Du gehst eine Weile in der Dunkelheit, bis du mit den Kopf an etwas Metallenes stößt. Es ist eine Art Ring.

an dem Ring ziehen (89)

die Decke drücken (90)

tief durchatmen: to breathe deeply, **Türgriff**: door handle, **abtasten**: to feel, **Ferne**: distance, **gedämpft**: muffled, **Stimmen**: voices, **Art**: kind

87

Du drehst dich vorsichtig um und setzt einen Schritt vor den anderen. Du siehst nicht, wo die Brücke beginnt und wo der Abgrund endet. Dein Herz schlägt schneller. Deine Schritte wanken und du hastest nach vorne, als dein rechter Fuß an einen kleinen Stein stößt und du den Halt verlierst und von der Brücke stürzt.

von vorne beginnen (8)

zurück (86)

wanken: to sway, **hasten**: to scurry, **sich an etw. stoßen**: to stumble against sth, **den Halt verlieren**: to lose one's grip, **stürzen**: to plunge

Du hörst ein knarzendes Geräusch.

zurück (87)

knarzend: creaking

Du drückst mit beiden Armen gegen die Decke. Es ist eine schwere Falltür aus Holz und es kostet viel Kraft, aber du öffnest sie. Licht flutet deine Augen und du schließt deine Lider. Du hörst Schreie und das Klirren von Schwertern.

Als du deine Augen wieder öffnest, bemerkst du, dass du auf dem Marktplatz *Genowrins* herausgekommen bist. Um dich herum rennen Männer mit Schwertern über den Platz. Du steigst aus dem Tunnel und siehst dich um.

Auf den Stadtmauern stehen ein paar dutzend Männer mit Pfeil und Bogen, Schwertern und Schilde. Hier und da siehst du, wie Leitern von außen an die Stadtmauer angelegt werden und Soldaten über die Mauer klettern. Die Männer von *Genowrin* versuchen die Eindringlinge von den Mauern zu werfen oder mit dem Schwert zu stoppen. Viele Verwundete liegen bereits auf der Mauer.

Noch ist *Genowrin* nicht gefallen, aber die Männer sehen müde aus. Du siehst den Schmied *Gutemir*, den Wirt *Alfryns* und ein paar Stalljungen. Dafür, dass sie keine Kriegserfahrung haben, kämpfen sie gut. Aber immer mehr Soldaten klettern über die Mauer. Es ist nur eine Frage der Zeit, bis *Genowrin* fällt.

zur Stadtmauer gehen (93)

zurück in den Tunnel gehen (92)

gegen etw. drücken: to push against sth., **Falltür**: trapdoor, **Kraft kosten**: to take strength, **fluten**: to flood, **Lider**: eyelids, **Schreie**: screams, **Klirren**: clanging, **herauskommen**: to emerge, **um etw. herum**: around sth, **steigen**: to climb, **umsehen**: to look around, **Stadtmauer**: city wall, **Pfeil und Bogen**: bow and arrow, **Schilde**: shields, **Leiter**: ladder, **etw. an etw. anlegen**: to put sth. in position against sth., **Eindringling**: intruder, **verwundete**: wounded, **aussehen**: to look, **Stalljunge**: stable boy

Du kannst jetzt nicht fliehen. *Genowrin* braucht deine Hilfe.

zurück (90)

Du rennst in Richtung des Westtors und steigst die Stufen zur Stadtmauer hinauf. Wenige Meter vor dir siehst du *Gutemir*. Er ist verwundet. Blut läuft über seine Arme, aber er kämpft weiter mit den Soldaten, die immer wieder über die Mauer klettern.

Gutemir helfen (95)

Welche Verbform von „springen" ist *nicht* korrekt?

sprang (96)

sprung (97)

spring (96)

Du ziehst dein Schwert und rennst auf den Soldaten zu. Er ist überrascht und sieht dich zu spät. Dein Schwert trifft ihn am Hals und er fällt auf den Marktplatz. Als du dich umdrehst, steht ein neuer Soldat auf der Mauer und gibt dir einen Tritt. Du fällst auf den Marktplatz und brichst dir das Genick.

von vorne beginnen (8)

zurück (95)

überrascht: surprised, **treffen**: to hit, **umdrehen**: to turn around, **Tritt**: kick, **sich das Genick brechen**: to break one's neck

Der Soldat hat dir den Rücken zugewandt. Du ziehst dein Schwert und schlägst ihm auf die Seite. Als er sich umdreht, wirfst du ihn von der Stadtmauer.

„Danke", sagt *Gutemir*.

„Du bist verwundet", sagst du.

„Das ist nicht mein Blut", sagt *Gutemir*. „Aber es ist nur eine Frage der Zeit. Sieh!" Er zeigt auf das Feld vor dem Westtor. Die Soldaten *Katanos* sind überall. Ganz hinten siehst du die Zelte der Befehlshaber und Lazarette. Davor stehen mehr als 200 Mann Reservetruppen. Vor ihnen steht eine lange Reihe Bogenschützen. Und ganz vorne sind die Soldaten mit ihren Leitern. Immer wieder gelingt es den Bürgern *Genowrins* die Leitern von der Mauer zu stoßen, bevor die Soldaten hinüberklettern können.

„Achtung!", ruft *Gutemir* und zieht dich nach unten, als *Katanos* Bogenschützen eine Salve Pfeile über eure Köpfe schießen.

„Was sollen wir tun?" (99)

jdm den Rücken zuwenden: to turn one's back to sb., **umdrehen**: to turn around, **werfen**: to throw, **verwundet**: wounded, **Zelt**: tent, **Befehlshaber**: commander, **Lazarette**: sickbay, **Reservetruppen**: reserve forces, **Bogenschützen**: archers, **gelingen**: to succeed, **hinüberklettern**: to climb over, **Salve**: volley

„Siegen können wir nicht", sagt *Gutemir.* „Alles, was uns bleibt, ist ein ehrenhafter Tod."

„Vielleicht", sagst du. „Die Truppen *Katanos* sind zahlreich, aber sie sind schlecht bewaffnet", sagst du.

„Schlecht bewaffnet?", sagt *Gutemir* und lacht. „Sie haben die besten Bogenschützen des Landes, neueste Schwerter und Schilde!"

„Aber sie haben nicht das hier", sagst du und gibst *Gutemir* den Beutel Donnerkraut. Er öffnet den Beutel, lächelt, umarmt dich und küsst dich auf die Stirn. „Bei *Ygbal!* Dich schickt der Himmel!"

Während *Gutemir* mit dem Beutel zurück auf den Marktplatz rennt, hältst du die Stellung und stößt die feindlichen Leitern zurück.

Genowrin verteidigen (100)

siegen: to win, **Pfeile:** arrows, **Truppen:** troops, **zahlreich:** numerous, **bewaffnet:** armed, **die Stellung halten:** to hold the fort, **feindlich:** enemy {adj.}, **verteidigen:** to defend

Die Bürger *Genowrins* sind froh, dich an ihrer Seite zu haben. Du bist schnell mit dem Schwert und wirfst die Soldaten zurück.

Aber du kannst es nicht vermeiden, dass immer wieder Pfeile auf *Genowrin* hageln. Einer dieser Pfeile trifft den Wirt *Alfryns* in die Brust. Er fällt sofort. Du kniest neben ihm und willst den Pfeil herausziehen, aber *Alfryns* schüttelt den Kopf und sagt leise: „Ich habe ehrenhaft gekämpft, erlaube mir nun ehrenhaft zu gehen." Sein Kopf fällt zur Seite. Du schließt seine Augenlider.

„Das werden sie büßen!", sagt *Gutemir*. Du drehst dich um. Er hat eine Metallkugel mit einer kleinen Lunte in seiner Hand.

„Was ist das?" (102)

froh: glad, **zurückwerfen**: to repel, **hageln**: to hail, **Brust**: chest, **knien**: to kneel, **herausziehen**: to pull out, **Das werden sie büßen**: They'll pay for that, **Metallkugel**: metal ball, **Lunte**: fuse

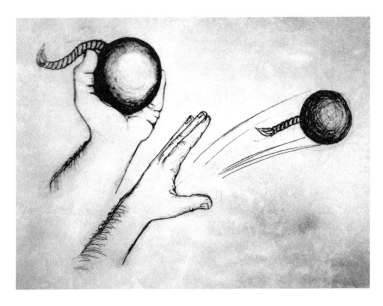

„Unsere Rettung", sagt *Gutemir*. Er nimmt eine Fackel und zündet die Lunte. Dann wirft er die Metallkugel über die Mauer. Wenige Augenblicke später gibt es einen ohrenbetäubenden Knall, als würde der Himmel herabfallen. Schreie zerreißen die Luft. Schwarzer Rauch liegt über den Truppen *Katanos*.

„Bei *Ygbal*! Ich zähle mehr als dreißig Tote und viele Verwundete", sagst du. „Wie viele von diesen Kugeln haben wir?"

„Nur noch eine", sagt *Gutemir*. „Aber das kann *Ka-*

tano nicht wissen."

Und tatsächlich, die Stimmung unter *Katanos* Männern verändert sich. Sie stehen mit ihren Leitern auf dem Feld, aber sie gehen nicht mehr voran, denn auf dem Feld liegen ihre Kameraden, unkenntlich gemacht durch *Gutemirs* Donnerkugel. Die Befehlshaber schreien hinter den Soldaten, aber die Truppen stehen wie angewurzelt. Manche von ihnen fallen auf ihre Knie und werfen ihre Schwerter auf den Boden.

„Diese Schlacht ist entschieden", sagt *Gutemir.* „Aber der Krieg ist noch lange nicht gewonnen."

weitere Metallkugel werfen (105)

zurück auf den Marktplatz gehen (106)

Rettung: salvation, **zünden:** to ignite, **ohrenbetäubend:** deafening, **etw. zerreißen:** to tear sth. apart, **Rauch:** smoke, **Stimmung:** mood, **unkenntlich gemacht:** obliterated, **wie angewurzelt:** glued to the spot, **manche:** some, **Schlacht:** battle, **entschieden:** settled

Das ist nicht notwendig. Die Soldaten ziehen sich zurück.

auf den Marktplatz gehen (106)

zurückziehen: to retreat

Auf dem Marktplatz ist es still. Viele Verwundete liegen auf dem Boden. Neben der Stadtmauer liegen die Toten unter weißen Laken.

zum Westtor gehen (108)

die Verwundeten betrachten (107)

Laken: linen

Unter den Verwundeten sind viele alte Gesichter aus deiner Kindheit. Die meisten sind schwer verletzt durch Schwert und Bogen. Viele von ihnen werden nicht überleben.

zum Westtor gehen (108)

zurück zum Marktplatz (106)

Kindheit: childhood

Staub liegt in der Luft. Als du näher kommst, siehst du, dass *Gutemirs* Donnerkugel ein großes Loch in die Mauer gerissen hat.

durch das Loch gucken (109)

zurück zum Marktplatz (106)

Staub: dust, **Loch**: hole, **reißen**: to tear

Katanos Armee hat sich weit zurückgezogen. Sie haben ihre Verwundeten gesammelt und sind dabei ihre Zelte abzubauen.

das Loch vergrößern (110)

sammeln: to collect, **dabei sein etw. zu tun, ein Zelt abbauen**: to be just doing sth., to take down a tent

Die Mauer ist bröcklig. Du steckst deinen Arm in das Loch und ziehst ein paar Ziegelsteine zur Seite.

durch das Loch die Stadt verlassen (111)

bröcklig: crumbly, **Ziegelsteine**: bricks

Du steigst durch das Loch und versteckst dich hinter einem Felsen. Auf dem Feld vor der Stadtmauer liegen tote Soldaten. Die Armee *Katanos Armee* ist zu sehr mit ihrem Rückzug beschäftigt, als dass sie sich um Begräbnisse ihrer Kameraden kümmern könnten.

Zu deiner Linken liegt der *Klänterwald*.

In Richtung des Waldes gehen. (112)

sich verstecken: to hide oneself, **Rückzug**: retreat, **Begräbnis**: burial, **sich um etw. kümmern**: to tend to sth.

Du gehst langsam auf den Wald zu. Hinter dir hörst du eine Stimme rufen. Du drehst dich um und siehst den Schmied *Gutemir* auf der Stadtmauer: „*Ygbal* sei mit dir!", ruft er und winkt. Du hebst dein Schwert und gibst ihm ein Zeichen. Dann betrittst du den *Klänterwald.*

Die riesigen Bäume ragen in den Himmel wie Mahnmale. Ihre dichten Blätter verdunkeln das Tageslicht. Du erinnerst dich, wie du als junger Bursche mit deinem Bruder in diesem Wald gespielt hast.

tiefer in den Wald gehen (113)

winken: to wave, **heben**: to lift, **Zeichen**: sign, **betreten**: to enter, **Mahnmal**: monument, **Blätter**: leaves, **Bursche**: lad

Karte #2 (**137**)

Nach einer Weile kommst du an eine Lichtung. Die Sonne fällt in schrägen Strahlen auf den Waldboden. Staub und kleine Insekten wirbeln durch die Luft.

Der Waldweg teilt sich in zwei Richtungen

nach Nordosten gehen (115)

nach Südosten gehen (120)

schräg: slanted, **Strahlen**: rays, **Waldboden**: forest floor, **wirbeln**: to swirl

Am Wegesrand sitzen drei Banditen um ein Lagerfeuer. Du willst wieder zurückgehen, aber sie haben dich bereits gesehen.

„Halt!", ruft einer der Banditen und zieht sein Schwert.

kämpfen (116)

am Wegesrand: by the wayside, **Lagerfeuer**: camp fire

Vervollständige: „Zwei Fliegen mit einer ...“

Klappe schlagen (117)

Attrappe fragen (118)

Kappe tragen (118)

Du schlägst das Schwert des ersten Banditen aus seiner Hand. Er rennt davon. Du nimmst das Banditenschwert in deine linke Hand. Die anderen zwei Banditen kommen langsam auf dich zu. Du bleibst still und wartest, bis sie nur wenige Meter entfernt sind. Dann machst du eine rasche Drehung mit deinen zwei Schwertern. Die Banditen liegen auf dem Boden. Du wirfst das Banditenschwert auf die Erde.

nach Südwesten gehen (113)

nach Nordosten gehen (119)

rasch: rapid, **Drehung**: twist

Du wehrst das Schwert des ersten Banditen ab, gehst einen Schritt zurück und stolperst über eine Baumwurzel. Der nächste Schlag trifft dich direkt in die Brust. Du bist tot.

von vorne beginnen (8)

zurück (116)

etw. abwehren: to fend off

Der Weg macht eine Biegung. Der Wald ist sehr dunkel an dieser Stelle. Ein Baumstamm versperrt den Weg. Du steigst hinüber.

nach Nordwesten gehen. (115)

nach Südwesten gehen (125)

Biegung: bend, **Baumstamm**: tree trunk

Du hörst ein Rascheln im Gebüsch. Ein Keiler springt auf den Weg. Seine krummen Eckzähne sind so groß wie Dolche. Er hat Schaum vorm Mund.

kämpfen (122)

Rascheln: rustling, **Gebüsch:** brush, **Keiler:** boar, **krumm:** crooked, **Eckzähne:** canines, **Dolch:** dagger, **Schaum:** foam

ANDRÉ KLEIN

Welche Verbform von „laufen" ist korrekt?

lief (123)

louf (124)

läuf (124)

Du hebst dein Schwert in die Luft. Der Keiler schnaubt und rennt auf dich zu. Als er nur wenige Schritte von dir entfernt ist, rammst du das Schwert in seinen Nacken. Das Tier fällt zur Seite.

nach Nordwesten gehen (113)

nach Nordosten gehen (125)

nach Osten gehen (126)

schnauben: to snort, **rammen**: to ram

Das Tier rennt auf dich zu und du verlierst das Gleichgewicht. Du willst wieder aufstehen, aber die Zähne des Keilers bohren sich in dein Gesicht.

von vorne beginnen (8)

zurück (122)

das Gleichgewicht verlieren: to lose balance

Du stehst an einer Lichtung. Riesige moosbe-
wachsene Eichen ragen in den Himmel. Weiße Pilze
bedecken den Boden.

nach Südwesten gehen (120)

nach Südosten gehen (126)

nach Nordosten gehen (119)

Lichtung: clearing, **moosbewachsen**: moss-grown, **Eiche**: oak,
Pilze: mushrooms

Nicht weit entfernt siehst du eine kleine Waldhütte.

zurück zur Lichtung (125)

zur Waldhütte gehen (128)

Waldhütte: forest cabin

Die Fenster der Hütte sind mit Brettern verschlagen. Spinnweben bedecken das Feuerholz neben der Tür. Die Hütte scheint verlassen.

Tür öffnen (129)

mit Brettern verschlagen: boarded up, **Feuerholz**: firewood

Bevor du die Tür öffnen kannst, hörst du ein Geräusch hinter dir. Du ziehst dein Schwert und drehst dich um, aber es ist zu spät. Der Angreifer stößt dich um. Du fällst mit dem Kopf auf einen Stein und alles wird schwarz.

Als du wieder zu dir kommst, riechst du Feuer. Dein Kopf ist schwer wie Blei. Du öffnest langsam die Augen. Es ist dunkel. Über dir erscheint eine Kerze. Dahinter ein bärtiges Gesicht.

„W...wo bin ich?" (130)

Angreifer: attacker, **zu sich kommen**: to come to, **Kerze**: candle, **bärtig**: bearded

„In Sicherheit", sagt eine Stimme, die dir bekannt vorkommt.

„W...was ist geschehen?", fragst du.

„Du bist gestürzt", sagt die Stimme. „Verzeih mir, aber ich habe dich nicht erkannt."

„Bruder Akon?", sagst du und richtest dich auf.

Dein Bruder nickt im Kerzenschein. Tatsächlich. Unter dem dicken Bart siehst du sein Lächeln. In seinen Augen spiegelt sich die Flamme der Kerze.

„Auch du hast dich verändert", sagst du.

Akon seufzt. „Viele Jahre sind vergangen. Es sind schwere Zeiten. Man hat ein Kopfgeld auf mich aufgesetzt. Wir haben versagt", sagt er und stellt die Kerze auf einen kleinen Tisch.

„Der Widerstand gegen Katano?", fragst du.

Akon nickt. „Wir waren gut vorbereitet. Es mangelte nicht an Ausrüstung und kräftigen Männern mit Erfahrung. Aber es war ein Verräter unter uns."

„Was ist missglückt?" (132)

Sicherheit: safety, **stürzen**: to fall, **verzeihen**: to forgive,
erkennen: to recognize, **sich aufrichten**: to sit up, **versagen**: to
fail, **Ausrüstung**: equipment, **Erfahrung**: experience, **Verräter**:
traitor, **missglücken**: to fail

„Katano hat unser Hauptquartier angegriffen, mitten in der Nacht. Wir hatten nicht damit gerechnet. Es war ein Gemetzel. Innerhalb von Augenblicken verlor ich knapp hundert Mann."

„Aber du lebst!", sagst du.

Akon seufzt. „Ich bin geflohen. Es war zwecklos. Die Angreifer waren in der Überzahl. Ich habe meine Kameraden im Stich gelassen und bin gerannt wie ein Feigling. Kaum eine Nacht vergeht, in der ich nicht daran denke. Was ist ein Leben ohne Ehre wert? Lieber wäre ich tot."

„Sprich nicht so, Bruder Akon", sagst du.

„Es ist zu spät", sagt er. „Katano ist nicht mehr zu stoppen. Gestern wanderte ich an den Waldrand und sah die Soldaten. Sie waren auf dem Weg nach *Genowrin*."

„Wir haben Sie zurückgestoßen", sagst du.

„W...was?", sagt Akon.

Du nickst. „Sie werden wiederkommen, das ist sicher. Aber wir haben Zeit gewonnen."

„Das ist großartig! Bei *Ygbal*!", sagt Akon und küsst

dich auf die Stirn.

„Wir hatten den Vorteil der Überraschung", sagst du. „Nächstes Mal wird *Katano* vorbereitet sein. Aber selbst die beste Verteidigung ist kein Angriff. Katano sitzt noch immer auf dem Thron und tyrannisiert das Land. Wir brauchen einen Plan."

Akon steht auf und sagt: „Genowrin ist nicht gefallen. Alles andere ist nicht wichtig. Ich habe einen Plan, aber was ich brauche ist Zeit."

Akon geht zu einer Truhe, nimmt etwas heraus und gibt es dir. Es ist ein Buch.

„Was ist das?", fragst du.

„Unsere letzte Rettung", sagt Akon.

Auf dem Lederband steht in goldenen Lettern: „Das Buch *Aschkalons*".

~

Hauptquartier: head quarter, **mit etw. rechnen:** to expect sth., **Gemetzel:** carnage, **zwecklos:** futile, **in der Überzahl sein:** to be in the majority, **jdn. im Stich lassen:** to desert sb., **Feigling:** coward, **Waldrand:** forest edge, **zurückstoßen:** to repulse, **Vorteil:** advantage, **Überraschung:** surprise, **Lederband:** leatherbound volume, **Lettern:** type

FORTSETZUNG FOLGT ...

(to be continued ...)

Maps & More

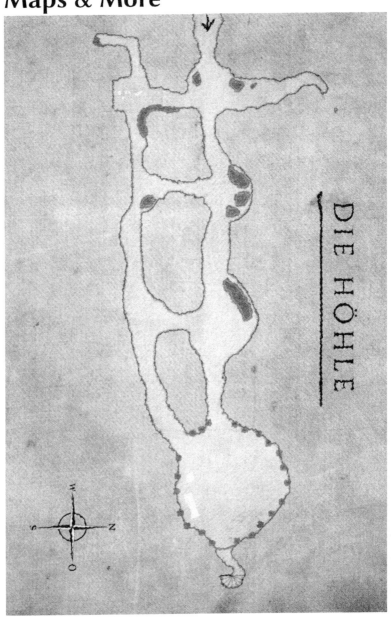

DIE HÖHLE

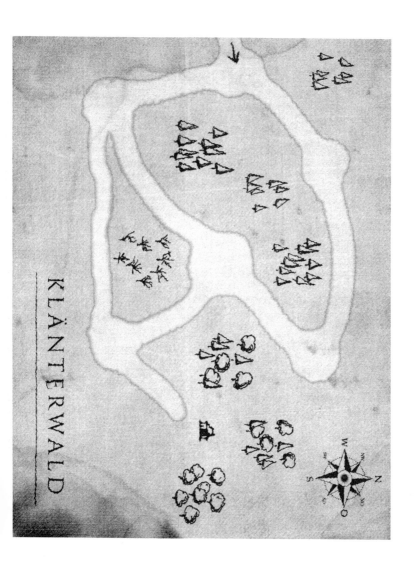

Maps created by André Klein, with resources by Fuzzimo and Ilanthar.

PDF download: learnoutlive.com/genowrin-maps

About this Book

© 07/2014, LearnOutLive.com

Concept, story & formatting: André Klein
andreklein.net

Illustrations: Sanja Klein
statusquovadis.deviantart.com

Some icons by *Flight of the Dragon* via:
dafont.com/flight-of-the-dragon.d720

Special thanks to Andrew Romagnoli, Sebastian Treichl
and Stephen Greenfield for editing and feedback.

Found any typos or want to tell us something else?
Contact us at info@learnoutlive.com

About the Author

 **André Klein** was born in Germany, has grown up and lived in many different places including Thailand, Sweden and Israel. He is the author of various short stories, picture books and non-fiction works in English and German.

Website: andreklein.net
Twitter: twitter.com/barrencode
Blog: learnoutlive.com/blog

Get Free News & Updates

Go to the address below and sign up for free to receive irregular updates about new German related books, free promotions and more:

www.learnoutlive.com/german-newsletter

We're also on Twitter at **@_learn_german** and Facebook at **facebook.com/LearnOutLiveGerman**

The Adventure Continues ...

From all over the kingdom, people are flocking to your hometown in hope of finding shelter from the rampaging armies of the tyrant king Katano The time has come end his evil machinations once and for all.

available as ebook and paperback

You Might Also Like

In an abandoned house at the outskirts of a small town, an unidentified body has been found. Can you help Kommissar Harald Baumgartner and his colleague Katharina Momsen solve this case and improve your vocabulary along the way?

available as ebook & paperback

LEARN GERMAN WITH STORIES:

Café in Berlin

10 SHORT STORIES FOR BEGINNERS

Newly arrived in Berlin, a young man from Sicily is thrown headlong into an unfamiliar urban lifestyle of unkempt bachelor pads, evanescent romances and cosmopolitan encounters of the strangest kind. How does he manage the new language? Will he find work?

available as paperback and ebook

A German picture book about ... books in the age of digital reading. Help Bert unravel the mystery of the book-threatening „reading machine„. What does it want? Where does it come from? And will he be able to protect his leather-bound friends from its hungry jaws?

available as ebook & paperback

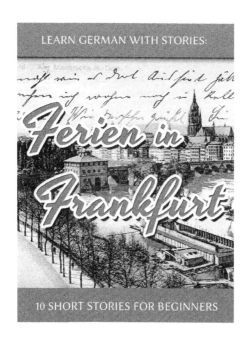

LEARN GERMAN WITH STORIES:

Ferien in Frankfurt

10 SHORT STORIES FOR BEGINNERS

In this sequel to "Café in Berlin", Dino makes his way towards the central German metropolis of Frankfurt am Main, caught in between quaint cider-pubs, the international banking elite, old acquaintances and the eternal question what to do with his life.

available as paperback and ebook

Thank you for supporting independent publishing!

learnoutlive.com

Printed in Great Britain
by Amazon